Couvertures supérieure et inférieure
en couleur

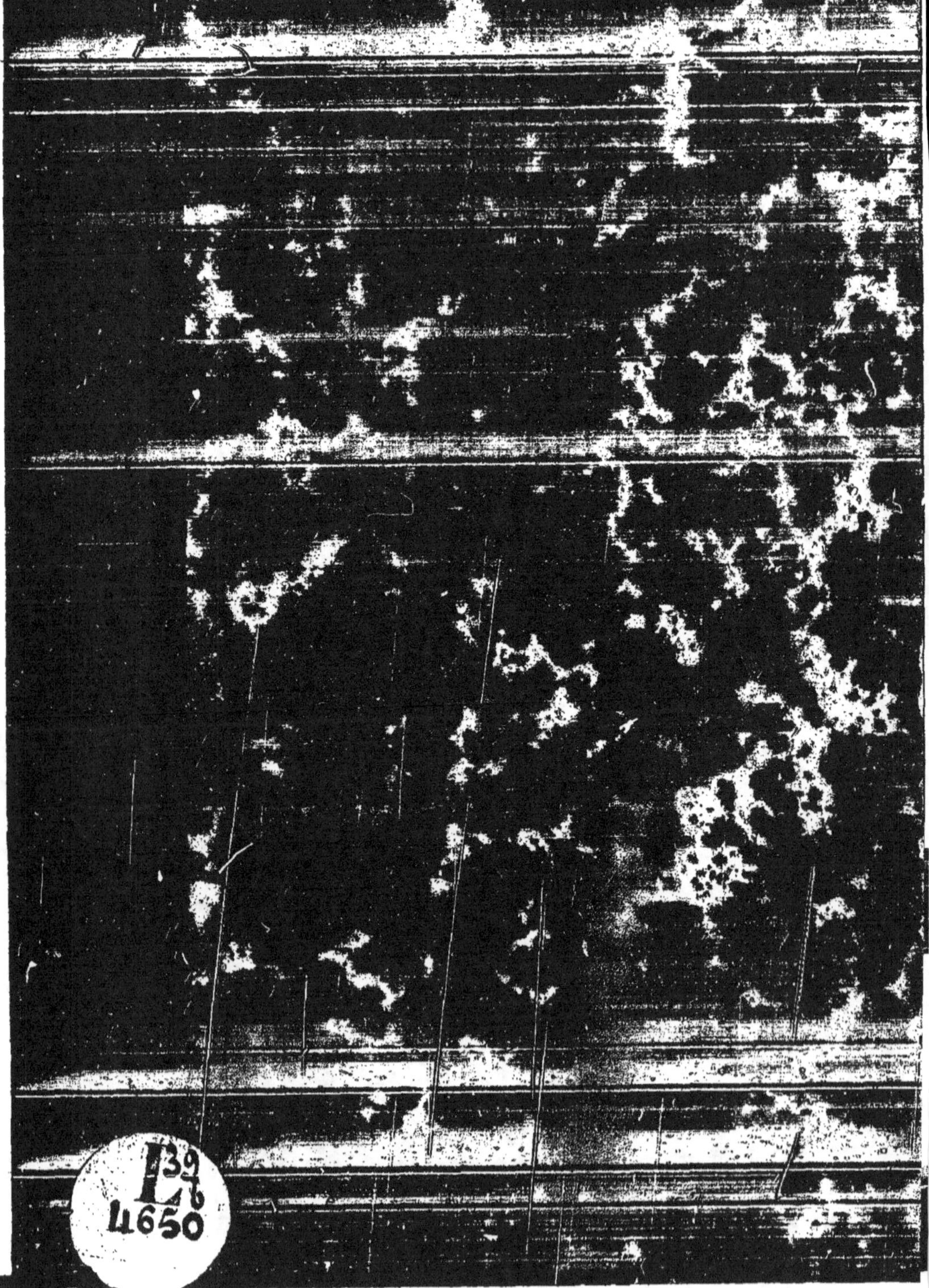

JOURNÉE

DU 28 FÉVRIER,

AU CHÂTEAU

DES TUILERIES.

Par M. DE ROSSI.

1791.

JOURNÉE

DU 28 FÉVRIER,

AU CHÂTEAU

DES TUILERIES.

Par M. DE ROSA.

1791.

JOURNÉE

DU 28 FÉVRIER,

AU CHATEAU DES THUILERIES.

DEPUIS le séjour du roi à Paris, la garde nationale ayant vivement desiré d'être chargée de l'honneur de garder S. M., il a toujours paru, et on a long-temps cru et dû croire que la totalité ou du moins une grande majorité de la garde nationale étoit réellement pénétrée de respect et de dévouement pour ce monarque, et remplie de zèle pour la defense de sa personne.

Dans cette ferme opinion, une grande classe d'hommes en France a pensé que cette loyale et honorable majorité de la garde nationale étoit animée du même esprit qu'elle; une grande classe d'hommes a pu regarder tous les membres qui la composent comme de fideles camarades dans tout ce qui con-

A 2

cerne le service et la défense du roi ; une
grande classe d'hommes a pensé que dans
toutes les occasions orageuses où la garde
nationale se portoit en plus grand nombre
et avec plus de zele auprès de sa majesté,
elle devoit s'y porter elle-même pour la se-
conder, la renforcer, et en recevoir ou lui
donner l'exemple de l'amour ou du courage.
Cette grande classe d'hommes est composée
de tous ceux qui, soit par l'habitude con-
tractée depuis leur enfance, soit par principes, soit par reconnoissance, soit par
leurs places, soit par leur naissance, soit par
les devoirs particuliers de leurs fonctions,
soit par un attachement indestructible pour
les maximes qui, depuis 1500 ans forment
la colonne de la monarchie françoise, por-
tent dans leur ame la profonde conviction
qu'une société politique de 20 millions
d'hommes doit être une monarchie ; que
pour la paix et le bonheur des générations
il faut que cette monarchie soit héréditaire ;
que cette monarchie héréditaire est plus nécessaire que chez tout autre peuple à la nation la plus présomptueuse, la plus agitée,
la plus vaine, la plus remuante, la plus lé-
gere, la plus entreprenante qui ait jamais

existé ; qu'une telle nation a plus besoin qu'aucune autre de trouver dans la famille régnante la plus grande et la plus ancienne famille du royaume, et de voir dans son roi le légitime successeur des St Louis, des Charle le Sage , des Philippe Auguste, des Louis XII , des Louis XIV, des François Ier et des Henri IV.

De tous ces principes si vrais se compose le sentiment qui réunit en un seul point et ne fait envisager que comme une seule chose l'honneur françois , l'amour des rois et la gloire de la nation ; sentiment précieux, sublime émanation du cœur , avec laquelle les François ont réparé toutes les sottises de leur caractere et conservé leur gloire et leur empire malgré toutes les fautes de leur présomption , toutes les dissipations de leurs déprédateurs , tous les excès de leur corruption et tous les délires de leur orgueil.

C'est dans la plénitude de ces pensées , c'est avec l'ame pénétrée de ces sentimens et la tête remplie de cette théorie , c'est avec le dévouement le plus complet de toutes mes facultés à la véritable chose publique, l'ordre et le bonheur de mes semblables, que je sortis malade de mon lit le lundi 28 février, à 4 heures après midi, pour me transporter au château ; et voici ce qui s'y est passé, ce que j'y ai vu, ce que j'y ai éprouvé.

Je suis arrivé au château des Thuileries par la grande grille du milieu, je suis monté par les plus grands escaliers, entré par les plus grandes portes, passé par les plus grandes salles ; je suivis la route la mieux gardée, jusqu'à la chambre du roi, dans laquelle j'allai tout de suite, sans m'arrêter. Personne ne me fit aucune demande de ma carte ou de mon nom. Il ne me fut fait aucune objection, aucune difficulté. Je pénétrai jusques dans la derniere piece, sans même avoir besoin de suspendre où de rallentir ma marche un seul instant. Cependant au lieu d'avoir la toilette assez soignée qui m'est ordinaire, j'avois celle d'un homme malade, excessivement frileux, même lorsqu'il se porte bien, et qui étoit sorti à la hâte. Je trouvai beaucoup de personnes de ma connoissance ; un assez grand nombre de gens qui, au lieu d'avoir à se louer de l'ancien régime avoient beaucoup à s'en plaindre. Ignorant ce qui s'étoit passé dans la journée et quel motif avoit augmenté l'empressement de venir au château, j'interrogeai beaucoup de monde. Personne n'eut l'air étonné de mon igno-

rance. On m'apprit les détails de l'arresta-
de M. de Court arrivée le matin ; on me ré-
péta ce que je savois sur le projet de décret
qui avoit dû être mis en délibération et sur
la fermentation excessive qu'il avoit occa-
sionnée. On me parla de la crainte que les
brigands qui, par la bonne contenance de
tous les honnêtes gens avoient échoué jeudi
dans leurs désastreux projets, ne les renou-
vellassent ce jour-là avec des mesures mieux
concertées, où avec plus de fureur. On me
rappella la sensibilité que le roi avoit témoi-
gnée à tous ceux qui, par leur réunion autour de lui, le jeudi précédent, étoient ve-
nus augmenter le nombre de ses défenseurs.
Enfin je n'entendis rien qui ne fût très con-
forme aux idées que je viens d'établir dans
mon préambule. Je dois ajouter encore que,
passant ou m'arrêtant à plus de 20 grouppes,
dans tous les coins, dans toutes les parties
de l'appartement, j'entendis parler très-fré-
quemment de la garde nationale, et que
jamais, en deux heures de temps, au milieu
d'épouvantables aristocrates, je n'ai enten-
du dire autant de bien de cette garde nationale. Telles étoient, je dois le dire et le
certifier avec cette inébranlable véracité

dont non - seulement j'ai donné tant de
preuves toute ma vie, mais dont j'ai fait sous
toutes les tyrannies le plus énergique, le
plus téméraire usage ; telles étoient les dispositions, les coalitions, les conspirations de
ces grands et terribles conjurés qui de-
vôient assassiner le roi en présence de la
garde nationale, ou égorger, sous les yeux
du roi, la garde nationale, malgré ses sabres,
pistolets, fusils, bayonnettes et canons ;
malgré la grande supériorité de son nombre et l'immense avantage de son poste ;
malgré l'allarme donnée par-tout et la possibilité d'avoir en un instant des renforts con-
sidérables; telles étoient les dispositions de ces
gens que l'on a l'exécrable et atroce absur-
dité d'accuser d'être assez lâches ou assez
hardis pour tuer le roi pendant qu'ils sont
depuis tant de temps assez prudens, assez
soumis, assez modérés, assez circonspects
pour laisser vivre. . . . .
. . . . ceux qu'ils regardent
comme les auteurs de tous leurs maux,
comme les destructeurs de la France. Tels
étoient les sentimens, les pensées, les dis-
cours de tous ceux que j'ai entendus. Tout
s'est passé dans cet état de tranquillité parfaite jusqu'à neuf heures moins un quart

environ. Toutes les conversations particulieres très-paisibles et très-différentes les unes des autres, tous les entretiens des divers grouppes ont eu lieu dans la même forme, avec le même calme et du même ton que je les ai vus de tout temps, dans l'œil-de-bœuf, ou dans la chambre du roi. La seule différence qu'on pouvoit remarquer étoit celle qui tient en grande partie à la liberté angloise introduite dans nos manieres depuis beaucoup d'années, et qui a autorisé une indifférence dans les costumes, une aisance dans les toilettes, une dissonance dans ce que nous appellions autrefois l'ensemble de la parure, dont l'assemblée nationale a donné elle-même le plus grand exemple.

Vers neuf heures le roi entra et nous dit qu'on venoit de lui rendre compte de ce qui s'étoit passé à Vincennes ; qu'il y avoit eu quelque bruit et quelque résistance, mais que tout étoit calmé et qu'on avoit arrêté 40 des plus mutins enfermés dans le Donjon.

Accoutumé comme je le suis à observer, et irréconciable ennemi comme je l'ai été toute ma vie du sot orgueil des courtisans, j'eus occasion de faire en cet instant une remarque précieuse et unique, la voici.

Le Roi, après avoir eu la bonté de nous donner cette nouvelle, s'arrêta assez long-temps dans sa chambre ; il s'avança et fit quelques mouvemens qui donnerent lieu de croire qu'il avoit intention de traverser toute la haie des personnes qui s'étoient rendues au château. Toutes se donnerent aussi-tôt, avec le plus grand empressement, le commandement mutuel de se ranger et de faire place. Toutes y employerent avec le plus grand zele leurs soins et leurs efforts. Je jettai alors les regards sur tout ce qui étoit autour de moi, et je vis un des plus intéressans tableaux qu'il soit possible d'imaginer. Toutes ces figures si accoutumées à n'offrir ordinairement à l'attention de l'observateur que de l'orgueil, de l'ambition, de la hauteur, de la suffisance ; ou l'espoir des graces, la crainte des refus, l'inquiétude de l'oubli, le desir de la faveur, la honte d'être négligé, le désespoir des succès d'autrui ; toutes ces figures, qu'on a pu voir en d'autres temps si pleines d'elles-mêmes, si pénétrées de leurs passions et de leurs intérêts, présentoient toutes un spectacle tout opposé. Elles avoient toutes le même langage, et ce langage étoit celui de la plus vive sensibilité et du plus complet dévouement ;

celui de l'oubli d'elles-mêmes e du plus tendre respect, du plus parfait amour pour sa majesté. Depuis l'origine du monde, l'incompréhensible phénomene d'une cour sans égoïsme n'a sans doute eu lieu qu'une seule fois pendant quelques minutes; et cette seule fois, durant cet intervalle de quelques minutes, je m'y suis trouvé; je l'ai vu.

O époque unique! O époque vraiment mémorable! à laquelle quatre cents courtisans ont été unis par un seul et même sentiment, un sentiment de bonté, de générosité, de justice et de vertu! Cette situation n'eût-elle duré qu'une seconde, elle seroit encore digne des respects du philosophe; elle seroit encore admirable pour quiconque connoît bien le cœur humain et l'esprit des cours. Mais elle a duré plus long-temps, je l'ai vu; je l'atteste. Epoque mémorable et unique, c'est toi dont je garderai un éternel souvenir, et je ne chercherai point à garder celui des horribles infamies commises cette même journée. Je laisse à d'autres mémoires que la mienne le soin de retenir ces fatales exécrations. J'ai vu ce tableau, oui je l'ai vu, et je sais voir et observer. Je l'ai vu, et peu m'importe après cela ce qui peut être dit par

des sections, par des bataillons, et par leurs
chefs, et par leurs suppôts, et par leurs émissaires, et par leurs échos. Je réponds sur ma
vie que dans ces bataillons, que dans ces
sections, voulût-on choisir même les plus
furieuses et les plus accusées, il se trouve
des hommes honnêtes, justes, humains et
éclairés qui connoissent la vérité et qui lui
rendent hommage ; j'ai vu cela, oui je l'ai
vu ; et peu m'importe après cela ce qui peut
être écrit par ces folliculaires qui, en un seul
instant, sur les décombres de la bastille, sont
devenus philosophes, moralistes, métaphy-
siciens, grands politiques et grands législa-
teurs ; bien moins encore par ceux dont
toutes les vertus sont dans la bourse de leurs
commettans, et qui ont des principes à tant
par jour, des opinions à tant la page, et
un patriotisme à tant par ligne. J'ai vu cela,
et cette autorité combat victorieusement au
tribunal de ma pensée les mille milliards de
mensonges et d'impostures qui peuvent être
débitées par la multitude. Car j'ai médité les
annales du monde, et je sais quel département y a toujours été réservé à la multitude.

Les plus grandes vérités ont été enseignées par un seul ; les plus belles découvertes ont été dues au génie et aux travaux d'un seul ; les plus belles actions ont été faites par un seul ; les plus sublimes principes ont été conçus par un seul. L'innocent qui n'a qu'un seul courageux défenseur a souvent mille lâches accusateurs ; et enfin depuis le déluge jusqu'à ce jour, toutes les fois qu'on a cherché les vrais sages de leur siecle, les hommes les plus vertueux et les plus éclairés de leur temps, c'est moins encore parmi les favoris du peuple que parmi les favoris des rois qu'on les a trouvés. Qu'on me cite une seule vérité utile qui ait jailli d'une assemblée tumultueuse ? Qu'on me rapporte un seul trait de grandeur d'ame qui ait été opéré par scrutin ? Qu'on me présente un seul simptôme caractéristique de la véritable dignité de l'homme qui soit né sur les bancs et au sein des disputes. Le génie et la vertu, il est temps que je le dise, et je ne le dirai ici qu'occasionnellement ; le génie et la vertu, moralement et religieusement parlant, sont des dons que l'éternel souverain n'accorde qu'au saint recueillement du solitaire ; et, philosophiquement parlant, ils sont des conceptions sublimes , des résultats profonds de la méditation du sage livré à l'étude et à la retraite.

« Je ne vois dans tous les siecles qu'un seul département constamment laissé en partage à la multitude , celui des extravagances autorisées et des crimes impunis. Je reprends mon récit.

L'intéressant tableau qui a donné lieu aux réflexions que je viens d'exposer dura pendant les sept ou huit minutes que le roi resta dans la position dont j'ai parlé. Il ne traversa point comme on l'avoit espéré ; il rentra, et tout le monde se sépara, continuant à se promener ou à former des conversations particulieres dans les différentes pieces.

C'est dans ce moment que je commençai à acquérir la conviction parfaite que tout le monde étoit là par un sentiment particulier et de propre mouvement, sans aucune coalition, sans aucun projet concerté , sans aucune parole mutuellement prise et donnée ; car sans se rien dire , sans convenir de rien entr'elles , beaucoup de personnes partirent successivement, dès qu'on sut au vrai quelle étoit l'histoire de Vincennes ; dès qu'on apprit qu'elle ne pouvoit avoir aucun danger pour Paris, dès qu'on vit le roi bien instruit et tranquille à cet égard.

Il étoit donc clair, ainsi que me le confirma tout ce que je vis, tout ce que j'entendis de tout côté, il étoit donc clair qu'une des plus grandes craintes qu'on avoit eues étoit qu'il n'y eût deux insurrections à la fois, une hors de Paris, à Vincennes; une autre dans Paris, au château, comme le jeudi précédent; que cette dernière, plus préméditée, mieux préparée, ne fût beaucoup plus forte la seconde fois que la première; que celle de Vincennes, soit par surprise, soit par force, soit par des voies inconnues, ne parvînt à se réunir à l'autre; que, dans ce grand mouvement, victorieuse et redoutable, elle n'entraînât une multitude de nouveaux assaillans, et qu'alors il ne devînt d'une nécessité absolue de réunir au château et autour du roi le plus grand nombre de défenseurs possible.

Dans cette idée, on fut dans de très-vives alarmes, et personne ne quitta le château tant qu'on fut dans l'incertitude sur l'événement de Vincennes, tant qu'on ignora même quel étoit exactement le genre d'a-

nature et le principe des choses qui s'y pas-
soient. Cette crainte et cette anxiété ces-
serent dès que le roi, rassuré sur ce qui se
passoit à Vincennes, eut eu la bonté de nous
en faire part.

Maintenant les preuves de ce que j'ai
avancé dans mon préambule vont s'accu-
muler, et les torts affreux de ceux qui se
sont permis tant d'atrocités en pensées, en
paroles, en écrits et en actions; ces torts
affreux paroîtront dans la plus grande évi-
dence pour ceux qui n'ont pas renoncé à
toute logique, comme à toute humanité et
à toute justice; pour ceux chez qui la raison
est encore quelque chose.

Dès qu'on a cessé de craindre la réunion
des deux insurrections, et qu'on n'a plus
appréhendé les dangers de leur réunion
contre le château, beaucoup de personnes
sont parties.

Donc là étoit le danger du château qui
y avoit attiré; donc où il y avoit été pour
former un bataillon du plus de garde nationale et royale, fidele et sûre.

Je dis nationale et royale, parce que les
hommes honnêtes et éclairés ne parviendront
jamais à séparer la nation du roi, ni le roi de
la

la nation. L'ancien régime les avoit réellement séparés, et c'étoit un grand tort, c'étoit une erreur fatale. Si, dans un autre sens, par de nouvelles erreurs, par de nouveaux abus, on venoit à les séparer encore, on retomberoit dans les mêmes fautes, dans le même vice funeste.

Le danger du château, le souvenir de l'inserrection du jeudi précédent, la réunion de brigands à Vincennes, des bruits répandus à l'occasion du décret relatif à la famille royale, qui devoit être rendu ce jour-là, la nouvelle si horriblement présentée, si horriblement publiée, d'un assassin arrêté le matin dans le château, voilà ce qui a appellé auprès du roi une partie des honnêtes gens qui habitent encore Paris, et qui, de cela seul qu'ils y sont restés pendant que tant d'autres sont partis, devroient être authentiquement reconnus pour bons citoyens sous tous les rapports, et remerciés comme tels; j'ose le dire, remerciés comme tels. A Rome ou à Athenes ils eussent infailliblement reçu cette marque d'honneur.

Leur seule pensée étoit donc de secourir et de défendre; elle étoit et ne pouvoit être

B

que de former un bataillon de plus de *garde nationale et royale*.

Rassurées sur l'événement de Vincennes, beaucoup de ces personnes sont parties ; donc le thermomètre de leur zèle étoit uniquement réglé par le péril de la chose publique, à la tête de laquelle doit être nécessairement le représentant perpétuel et universel de la nation, c'est-à-dire, le Roi.

Elles sont parties sans rien dire, sans rien demander, sans se prévenir, ainsi qu'elles étoient venues ; donc il n'y avoit aucune coalition ; et même pour cette juste défense, même pour cette intention si louable, il n'y avoit aucune convention faite, aucun projet concerté, aucune unanimité ; et cela, je me permettrai de le dire, étoit un mal ; car, que plusieurs personnes d'une même famille, d'une même société, se fussent dit : irez-vous au château ? je compte y aller. J'entends tous les jours s'exprimer de même pour aller au bal ou à l'opéra. Appellera-t-on de telles phrases une coalition, concernant l'opéra ou le bal ? Or, dans une circonstance aussi essentielle, pour un intérêt si majeur, il y avoit aussi trop de légéreté à ne pas mettre quelqu'accord dans ses desseins, quelque concert dans une démarche aussi utile , dans une réunion aussi nécessaire. Si ce tort nous devient très-avantageux aujourd'hui, s'il forme un titre puissant contre les extravagantes calomnies multipliées à l'égard des personnes réunies au château, il n'en étoit pas moins alors un tort réel , un mal certain , un mal capable d'anéantir tout le fruit de leur zele , et de le tourner peut-être au préjudice même de la chose qu'on vouloit servir.

Toutes ces personnes sont parties successivement en très-grand nombre ; donc sans aucun projet de rester fortes , sans aucun dessein de rester unies , sans aucun but qui exigeât leur force et leur réunion.

Elles sont parties avec une parfaite conviction de leur complette innocence , puisqu'elles sont descendues seules la plupart , et les unes après les autres , sans inquiétude , sans défiance , sans précaution ; et qu'en effet près des deux tiers étoient passés de cette sorte sans aucune difficulté , sans aucun obstacle , parce que , jusqu'à cette heure , les choses étoient restées dans leur état de vérité et de simplicité naturelles ; il n'y avoit eu ni desseins coupables d'une part , ni de soupçons perfides , ni d'accusations criminelles de l'autre. Les suggestions perverses n'avoient point encore été employées ; les émissaires n'avoient point encore rempli leur mission ; les négociateurs n'avoient point encore été assez habiles , ou n'avoient pas su trouver le moment favorable , ou s'étoient adressés à des grouppes trop sages ; les grands ressorts n'avoient point encore été mis en mouvement ; l'art des trompeurs n'avoit point encore entraîné les malheureux trompés.

« Elles sont parties avec une grande confiance dans la garde nationale par rapport à leur propre personne ; et avec une grande confiance dans la garde nationale par rapport à la personne du roi ; puisque, quittant le château lorsqu'elles ont été sûres que le tumulte de Vincennes étoit calmé , c'étoit exprimer bien clairement qu'elles s'en rapportoient entièrement à la garde nationale pour la défense du roi, et qu'elles n'étoient venues que pour lui servir de renfort tant que l'ordre public sembloit plus généralement troublé, que les insurrections étoient plus nombreuses, que l'état des choses étoit plus inquiétant, plus compliqué , et que le désordre étoit plus allarmant.

Telle étoit la situation intérieure et extérieure du château, et les inductions bien positives qu'on en peut tirer, lorsqu'on vint tout-à-coup nous dire que la garde nationale ne laissoit plus passer personne, qu'elle fouilloit ceux qui sortoient du château, s'emparoit de leurs armes, et maltraitoit, sur-tout ceux qui faisoient quelque difficulté de livrer leurs armes. Déjà dix personnes avoient fait ce rapport, et je ne pouvois le croire ; mais enfin plusieurs de ceux qui avoient éprouvé ce sort étant revenus sur leurs pas, M. de Piennes étant rentré après avoir eu ses pistolets pris, son épée cassée, et après avoir éprouvé d'indignes traîtemens, il ne fut plus possible d'en douter, et il demeura constant que la chose n'étoit que trop certaine. Je crus alors, pour plusieurs raisons de la plus haute importance, devoir sortir de l'état de simple spectateur oisif, de l'état de nullité qui eût été dans toute autre circonstance, et qui est, sur-tout par principes et par choix, mon état naturel à la cour. Je m'adressai aussitôt à plusieurs grouppes, ensuite à celui où étoit alors M. le duc de Brissac, et parlant à lui-même, je fis ou répétai avec plus de détail quelques propositions qu'on venoit d'approuver, qu'on approuva de nouveau, et qu'on n'exécuta point : propositions qui avoient pour but de concilier la retraite paisible et la conduite noble et convenable de toutes les personnes qui étoient encore au château, avec le respect pour la volonté du roi, l'ordre public et la tranquillité de leurs majestés.

L'étonnement, l'incertitude, l'indignation s'étoient emparés de tous les esprits, et ils étoient trop agités pour s'arrêter facilement à un dessein positif, à un parti réfléchi. Une personne qu'on avoit envoyée pour s'informer exactement, et savoir bien clairement ce que prétendoit la garde nationale, et quelles étoient, au dernier mot, ses intentions, (c'étoit, s'il m'en souvient bien, un officier de cette même garde) revint et dit : que la garde nationale donnoit *sa parole d'honneur* qu'il ne seroit fait aucune difficulté à personne pour la sortie, si chacun vouloit déposer ses armes. Les réflexions auxquelles s'abandonnerent aussitôt les premiers qui entendirent le rapport et la prononciation de cette promesse ne leur auront point permis d'oublier cette parti-

~cularité. On étoit occupé de mille réflexions et de mille propos divers sur cet état des choses, lorsque le roi revint encore au milieu de nous, et nous dit : *je vous prie, Messieurs, de déposer ici les armes que le zele pour la défense de ma personne pourroit vous avoir fait apporter, et de vous prescrire là plus grande modération sur tout ce que pourroient faire commettre, à cet égard, l'erreur, la prévention et les fausses interprétations.*

Cette priere devenoit un ordre, et cet ordre, tout affligeant qu'il étoit, fut unaniment respecté. Tous ceux qui avoient des armes les déposerent aussitôt, et chacun les enveloppant de son mouchoir, ou y attachant des étiquettes, les donna, ou les plaça lui-même dessus la commode, et dans les coffrets qui sont près du lit de sa majesté. Je fis de même, et quelques minutes après entendant, dans un groupe près de la cheminée, plusieurs personnes, que je ne connoissois point, témoigner quelque regret du sacrifice qu'elles venoient de faire, je leur dis : *nos regrets ont sans doute de bien justes motifs ; mais que pouvions-nous faire qui témoignât plus évidemment notre amour et notre respect pour le roi, que d'avoir apporté des armes pour le défendre, et de les mettre à ses pieds pour lui obéir?*

Nous étions encore bien loin alors de pouvoir imaginer que le lendemain nous serions transformés en assassins du roi, et présentés comme tels à la simplicité des bons, et à la crédulité des simples, par les sublimes orateurs, les grands écrivains et les génies supérieurs enfantés par la révolution. Orateurs et écrivains incomparables, pénétrés d'un patriotisme tout neuf, d'une morale toute moderne, et d'une vertu inconnue à tous les siecles ; morale, vertu et patriotisme qui prescrivent d'appeller tous les hommes *égaux* et *freres* au premier acte, de les déshonorer au second, et de les assassiner au troisieme ; morale et patriotisme qui enseignent qu'il faut couvrir d'infamie la moitié de la nation pour bien assurer la gloire de l'autre ; et que rien ne sera aussi magnifique, aussi imposant pour la postérité, rien ne lui inspirera autant de respect, autant de vénération pour le nom François, que les innombrables monumens qui présenteront toute une génération divisée en scélérats, en délateurs, en assassins et en

tranquilles spectateurs de ces exécrables for-
faits.

Sur ces entrefaites plusieurs particuliers
s'étant déterminés à partir, nous eûmes occasion d'apprendre que leur soumission pour
les desirs du roi , et la parole d'honneur de
la garde nationale ne les mettoient nullement à l'abri des vexations et des outrages
qu'on avoit résolu de leur faire. Quelques
autres faisant quelques mouvemens pour se
disposer à sortir , M. le duc de Brissac rentra
dans la chambre du roi et dit qu'il falloit
attendre, qu'il étoit impossible de passer,
et qu'à lui-même il lui avoit été impossible de traverser d'une piece à l'autre.

Une personne connue arriva alors et nous
dit avec empressement qu'elle ne pouvoit
trop nous prévenir et nous prier d'user en
tout de la plus grande sagesse et d'une modération inaltérable ; qu'elle savoit de bonne
part que tout cela étoit fait dans le dessein
formel d'exciter l'indignation de quelqu'un
et de provoquer quelque violence. Que c'é-
toit cette violence, si légère qu'elle fût, qu'on
attendoit de notre part, que les résultats en
seroient affreux, et qu'il seroit encore éta-
bli et publié que nous étions les aggresseurs

et les auteurs de tout le mal. J'étois très-près de la personne qui parla ainsi , et j'étois moi-même pénétré du même sentiment. Tout le monde sentoit et exprimoit diversement l'extrême perplexité dans laquelle nous étions. On passa encore quelques minutes à parcourir les diverses parties de l'apparte-ment, à s'étonner, à se plaindre, à délibérer sans conclure, à chercher diverses sorties qui se trouvèrent toutes également obstruées.

Enfin arriva M. Louis de Noailles, président de l'assemblée nationale, que je ne sais quel devoir appelloit auprès du roi. Il entra, il chercha par quelle route il pouvoit s'égarer, il s'empressa de dire aux premieres personnes qui l'aidèrent à retrouver son chemin , qu'il l'ignoroit absolument , et qu'il n'étoit jamais venu à la cour (1). On ne s'apperçut point après son départ que sa pré-sence eût rétabli l'ordre et la subordination parmi tout ce qui environnoit alors le châ-

____

(1) Je dois pourtant à la vérité de prévenir que je n'ai point été témoin de ce dernier fait comme de tout ce qui précede. Tout le monde me le dit alors , tout le monde l'a dit depuis , mais je ne l'ai point vu. Ce fait me paroît

teau. La garde nationale pendant tout ce temps avoit gagné un terrain immense, et s'étoit prodigieusement affermie dans ses résolutions. jusqu'à 8 heures trois quarts ou 9 heures il n'avoit été fait aucune difficulté à personne, et ceux qui étoient sortis avant ce moment n'avoient rencontré aucun obstacle. A 9 heures, ceux qui partirent éprouverent quelques désagrémens, mais ils étoient légers, mais ils dépendoient de je ne sais quel caprice, de je ne sais quel hasard; ils avoient lieu pour quelques-uns et ils n'avoient point lieu pour d'autres. A 9 heures un quart, ils augmenterent, et furent exercés sur un plus grand nombre de personnes, mais c'étoit dans les cours seulement, ou uniquement au bas de l'escalier. A 9 heures et demie, la garde commença à s'emparer des escaliers, et les vexations devinrent plus fortes et plus générales. Vainement quelques commandans ou quelques capitaines entreprirent-ils par

---

même invraisemblable; car le président de l'assemblée nationale devant être précédé de deux huissiers, je ne comprends point comme ces deux huissiers, habitués maintenant à venir chez le roi, auroient pu ne pas être pour M. le président des guides suffisans.

le rappel de faire redescendre la troupe et de
de la rallier dans les cours ; elle ne voulut
point se soumettre à cet ordre , elle ne des-
cendit point , elle n'écouta rien et pénétra
plus avant dans l'appartement (1). Je pris la
liberté d'élever encore la voix et de dire :
« Messieurs, c'est avec les mêmes principes et
les mêmes sentimens qui me guidoient avant
que le roi ne nous ait fait la priere de déposer nos armes , que je crois devoir avoir
l'honneur de vous renouveller la proposition
que je faisois tout-à-l'heure. Il ne reste plus
ici que le tiers des personnes qui sont venues ce soir chez le roi. Chacune y ayant été
attirée par son zele particulier , chacune s'est
en allée aussi de son propre mouvement, dès
qu'il lui a paru que son zele n'étoit plus né-

---

(1) Ce fait du rappel et du refus d'obéir , je ne le sais
également que sur l'assurance de tout le monde , mais
non pas comme témoin. Mais , s'il n'étoit pas vrai , il
resteroit à dévorer une supposition bien plus affligeante ,
bien plus monstrueuse encore ; celle par laquelle il faudroit rester convaincu que les officiers ont approuvé cette
conduite de leurs soldats , ou n'ont rien fait pour s'y op-
poser. Je me garderai bien de choisir entre deux écueils
aussi funestes.

cessaire. Telle chose qu'on ait imaginé de
faire à cette troisieme partie qui reste
encore, partons tous ensemble ; partons
avec l'air le plus simple et le plus réservé. Sortons avec toute la confiance
possible, mais que cette confiance soit
principalement dans notre cœur. Ayons et
conservons toute la modération et toute
la résignation imaginables , et le plus long-
temps qu'il sera possible. Que nos manieres,
notre figure et nos paroles soient parfaitement réglées par cette résolution. Descen-
dons naturellement et séparément, comme
on descend, séparément, quoique tous ensemble, d'un spectacle; comme vous êtes
descendus mille fois, ici, à la sortie du
diner du roi. Nous serons tout prêts à nous
rapprocher, et nous nous rapprocherons si
les circonstances nous y forcent absolument.
Mais partons tous au même moment, nous
serons tous plus sûrs de ce qui se passera ;
nous en serons témoins ; nous saurons parler
et agir conformément à l'esprit de sagesse
qui doit nous gouverner en cet instant, et
conformément au noble sacrifice que nous
venons de faire au roi. On aura sans doute
égard à notre conduite et à notre union.
Mais je ne puis assez vous le répéter, je crois

infiniment nécessaire de partir tous ensemble ».

Pendant ce temps-là (ce que j'ignorois, et que personne ne vint nous dire avec le détail nécessaire pour nous faire bien comprendre cette position) , toute la garde nationale qui étoit aux Thuileries s'étoit portée aux escaliers et à l'appartement du roi ; tout étoit gardé ; tout étoit obstrué ; tout étoit assiégé, et ce n'étoit point en confusion et à la débandade. La troupe, dans cette nouvelle insurrection, dans cette nouvelle observation du plus saint des devoirs, dans ce nouveau devoir qu'elle s'étoit prescrit à elle-même, observoit un ordre parfait. Elle étoit depuis la porte de l'appartement du roi jusques bien avant dans les cours, formées en deux lignes sur quatre de hauteur de chaque côté, laissant entre les deux lignes un sentier très-étroit et propre au passage d'une seule personne tout au plus.

Ma proposition avoit été entendue par beaucoup de personnes, aucune objection ne me fut faite, et on parut généralement l'approuver. Mais personne ne se mettant en devoir de l'exécuter, je pris enfin mon parti, et je sortis seul.

Ici cette histoire qui a été générale jusqu'à ce moment, me devient maintenant personnelle. Je l'abrégerai donc infiniment, j'omettrai une multitude de circonstances, et je ne rapporterai que celles qui ramenent à un intérêt général.

Je pars donc, je quitte la chambre du roi, je traverse la pièce suivante, et au moment où j'arrive à la grande porte de cette pièce, quelqu'un que je n'eus pas le temps de remarquer, me faisant beaucoup plus d'honneur qu'il ne m'en appartient, ouvrit les deux battans dans toute leur largeur. J'apperçois alors cette belle formation sur deux lignes parfaitement en ordre. Le plus près de la porte à gauche en sortant étoit un vétéran en écharpe qui, à ma vue, à celle des deux battans ouverts prononça très-hautement : *Messieurs, laissez passer.* Je fis en effet environ quatre pas fort librement, mais dès le cinquieme je commençai à éprouver des vexations, des insultes, des injures et des mauvais traitemens qui durerent sans une minute de relâche depuis cette partie très-intérieure de l'appartement du roi jusqu'à l'hôtel de Brionne. Je sentis en un instant toute l'horreur de cette position dans laquelle

je restai 20 minutes , ne voulant avoir aucun
air de fuir ou de me hâter , je m'arrêtai à tous
ceux qui mirent plus de violence ou de féro-
cité dans ce procédé barbare , et rassemblant
tout ce que je pus trouver en moi de fermeté , de courage et de force d'esprit , je m'ef-
forçai de me conduire d'une manière con-
forme à ce que peu de temps avant , dans la
chambre du roi, j'avois pris la liberté de con-
seiller aux autres. Voici donc quelques-uns
des mots les plus expressifs ou les moins
maladroits par lesquels j'ai repoussé et quel-
quefois arrêté une partie de ces indignités.

*. . . . . Je souffrirai tout , il le faut
peut-être pour l'ordre public , et la volonté
du roi nous en impose la loi.*

Un assaillant.

. A quel propos venez-vous ici avec ces
armes ? faut bien que ce soit avec de mauvais desseins ?

Réponse.

*. . . . . J'ai combattu souvent les mauvais
desseins, mais je n'en conçus jamais.*

beaucoup

Beaucoup d'injures et d'insultes confusément.

*. . . . . Quel est donc l'article de
la constitution qui vous donne le droit de
vous faire justice vous-même ?*

. . . . Et justice de quoi ?

Diverses injures et insultes.

*. . . . . Si je suis coupable, il y a
une loi, qu'on la suive et qu'on me mène devant ceux qui doivent la faire exécuter ;
sinon vous seuls êtes les coupables.*

Des insultes et des injures de plusieurs
côtés.

*. . . . . Eh bien me voilà, que pré-
tendez-vous ? Je suis seul, il n'y a point
d'armes dans mes poches, vous êtes certainement les plus forts.*

Un assaillant.

Tiens voilà encore un de ces F. amis du roi.

Réponse.

Oui, J'aime le roi pour lui ; et j'aime un roi pour vous-mêmes, parce qu'il en faut un à votre sûreté et à votre bonheur.

Plusieurs assaillans.

F. aristocrate!

Réponse.

Le véritable intérêt de la nation m'est plus cher qu'à aucun d'entre vous.

Des insultes et des injures confusément.

Si c'est un ennemi du bien public que vous poursuivez en moi, vous ne pouvez pas vous tromper plus complettement.......

Plusieurs assaillans.

Il faut exterminer tous ces b...là.

Réponse.

Il faudroit exterminer ceux qui vous trompent et dénaturent votre caractere....

Un assaillant.

Ah ! f. çà ira, çà ira.

Plusieurs assaillans.

Çà ira, çà ira, etc.

Réponse.

Çà iroit déjà, si vous connoissiez la vérité ; mais lorsque vous la connoîtrez, il n'en sera plus temps.

Dans les intervalles de tout cela, deux ou trois personnes de cette même garde nationale, bien intentionnées sans doute,

C 2

avoient quitté leur rang pour courir après moi , et inquietes de me voir m'arrêter et parler , étoient venues à différentes distances me prendre par le bras , et me serrer vivement , en me disant avec une extrême vivacité et un ton d'intérêt : *mais , allez donc , Monsieur , allez donc , et ne vous arrêtez pas comme cela.*

Arrivé à la seconde partie du grand escalier , plusieurs personnes jugerent à propos de me jetter avec violence contre les marches et les balustrades. Je fus lancé à plusieurs reprises de cette sorte ; ce fut là aussi qu'à l'instant où je venois de me couvrir heureusement d'un chapeau de tête à très-haute forme , que j'avois à la main , il me fut donné un coup de crosse de fusil sur la tête , qui , malgré la hauteur et la fermeté de mon chapeau , m'occasionna une grande douleur et un grand étourdissement. Il me fut et il me seroit impossible de dire de quel côté il me vint ; j'ai dû , dans cet instant , à une providence particuliere , et que je ne saurois trop remercier , de n'avoir point été terrassé ou de n'avoir point fait quelque chute affreuse.

« Un grenadier, témoin de loin d'une partie de ce qui venoit de m'être fait, un grenadier qui étoit au bas de l'escalier, dans l'emplacement qui est entre les deux grandes grilles, monta rapidement cet escalier dans lequel j'étois encore, et me prenant par le bras avec l'intérêt le plus affectueux : Conservez, me dit-il, tout votre courage, je ne vous quitterai point que vous ne soyez en sûreté. Il ne me quitta plus, en effet, et je lui dois infiniment. Il n'étoit pas en son pouvoir de me préserver d'une continuation d'injures et de mauvais traitemens semblables à-peu-près à ceux que j'avois déjà reçus ; mais il me mit à l'abri de rester seul à la merci de tous, et c'étoit beaucoup (1). Une autre personne de la garde nationale vint aussi me

____

(1) Je demande en grâce à ce grenadier de me donner les moyens de le connoître. Sa figure m'est très-présente, et je me rappelle très-bien que c'est un fort bel homme dont la physionomie noble & douce annonce l'honnêteté ; mais il sait comme moi qu'il ne me resta pas un seul moment de liberté, et qu'il me fut impossible de prendre les renseignemens nécessaires sur son nom & sa demeure.

prendre par l'autre bras , et m'accompagna quelques instans pour me garantir ; mais elle me quitta après quelques pas. Lorsque j'eus parcouru à-peu-près la moitié de ce long trajet , les soldats étant moins pressés et l'espace plus large , je fus reconnu par beaucoup de personnes qui me nommerent , et il y eut alors dans le reste de ma marche le plus bizarre mélange d'injures , de complimens , de vexations , d'éloges , d'insultes et de regrets.

On ne trouvera point déplacé que j'ajoute une seule réflexion à ce qui m'a été personnel dans cette cruelle circonstance. C'est sans doute comme coupable de quelque crime , c'est comme ennemi de la nation , c'est comme dévoué à mes intérêts personnels , au préjudice de l'intérêt public , c'est comme opposé à l'ordre et au bien général , qu'on s'est permis toutes ces indignités à mon égard , ainsi qu'à l'égard de tant d'autres personnes que je crois avoir pleinement justifiées par les détails contenus dans cette relation.

C'est , au contraire , comme innocens ,

louables et estimables en tout, ou innocens,
du moins en fait de civisme, d'amour de
la patrie et de zele pour la chose publique,
que les membres de cette partie de la garde
nationale se sont conduits de cette sorte.
Eh bien, j'en demande l'épreuve ; que l'é-
preuve en soit faite, et que la plus rigoureuse
justice en décide ; qu'il en soit choisi un,
deux, dix parmi ces bataillons ; j'offre le
gage du combat aux plus estimés, aux plus
loués, aux plus vertueux, aux plus habiles,
aux plus zélés, ainsi qu'à ceux qui sont ou
qui se croient les plus éclairés en véritables
principes de patriotisme, en vrais principes
de politique et de bonheur social ; que l'exa-
men, la recherche la plus étendue, le procès
le plus sévère de la vie entière de mes adversaires, ainsi que de la mienne, soient faits ;
que je sois livré à toute la barbarie des sup-
plices les plus cruels, s'il se trouve parmi
mes adversaires un seul homme pour qui les
justes droits de l'humanité et les principes
d'une sage liberté aient été plus que pour
moi sacrés, éternellement sacrés ; s'il s'y
trouve un seul homme dont l'existence en-
tiere ait été, plus que la mienne, complet-

tement et uniquement dévoués à l'intérêt général, à l'ordre public et au bonheur de
l'espèce humaine, j'accepte ou j'offre toutes
les espèces d'épreuves qu'il leur plaira d'en
faire (a).

Voyons maintenant la suite de ce qui s'est
passé au château; mais je cesserai d'en parler
comme témoin. Je ne sais ce que je vais
ajouter que sur le rapport d'autrui; mais
j'ai pris des mesures pour en être aussi parfaitement certain que de ce que j'ai vu
moi-même.

C'étoit peu de temps avant ma sortie que
la garde nationale, voulant s'emparer de
tous les passages, et se mettre dans l'ordre
que j'ai décrit, s'étoit présentée à la porte
de l'appartement où se trouvoient réunies
les personnes accourues auprès du roi. Vainement les cent-suisses rappellerent-ils aux
soldats l'usage qui ne veut pas qu'on entre
chez le roi en giberne; usage auquel les
gardes-du-corps eux-mêmes étoient soumis,
et qu'ils suivoient régulierement, en mettant
leur bandouliere dans la poche lorsqu'ils se
présentoient devant sa majesté. Cette obser-

ration , faite avec une grande modération ,
fut entendue avec beaucoup d'humeur; quelques personnes en tirerent des conséquences
fâcheuses. Des propos très-animés , des interprétations odieuses en furent la suite , et
sans rien écouter on s'empara de toutes les
portes.

Les premiers qui sortirent après moi essuyerent à-peu-près les mêmes traitemens ;
mais traversant plusieurs ensemble, l'attention des assaillans plus partagée rendit le
passage moins difficile , ou moins pénible
pour quelques-uns. Pendant ce temps , quelques habitués du château trouverent le
moyen de se retirer dans quelques logemens
des officiers de service ; beaucoup d'autres ,
moins heureux , essuyerent des traitemens
dont plusieurs sont encore malades. On
laissa le passage libre à cinq ou six, lorsqu'ils
eurent pu parvenir à faire entendre qu'ils
étoient députés ; et enfin huit ou dix furent
traduits à la section , et de là traînés en
prison.

A onze heures moins un quart , M. de la
Fayette arriva enfin ; tout étoit calme dans

l'intérieur des dernieres pieces de l'appartement, et il n'y restoit que peu de personnes, dont deux fédérés ; mais aux portes où étoit rassemblée la garde nationale des cris immodérés exprimoient le plus violent desir de violer le dernier asyle du monarque, et de s'emparer du dépôt d'armes. Le général s'y opposa, dit-on, quelques instans, et appella séditieux les plus emportés de ceux qui se trouverent près de lui ; mais quelques momens après, six grenadiers et ses aides-de-camp entrerent avec lui ; on ouvrit les commodes du roi, on chercha par-tout, et on s'empara de toutes les armes, quoique le roi s'en fût rendu dépositaire. Elles furent mises dans des corbeilles, avec ordre de les porter chez M. de Gouvion, ou à la section ; mais sur le chemin la garde s'en est emparée ; quelques armes ont été brisées dans les cours, et les autres ont disparu.

Il est cependant essentiel, pour la plus exacte observation de la vérité et de la justice, de rendre compte de cette circonstance avec tous les détails qui lui appartiennent, et dont personne n'a parlé.

Pendant que beaucoup de soldats animés vouloient entrer de force pour s'emparer des armes, plusieurs officiers et M. de Charton, auquel on doit la justice de dire qu'il s'est conduit parfaitement à tous égards dans toute cette journée, résistoient de toute leur force, soutenoient la porte en dedans, et repoussoient les assaillans de leurs bras et de tout leur corps.

A-peu-près au même moment M. de la Fayette est entré dans le cabinet qui est à la suite de la chambre du roi ; il a demandé M. de Villequier, premier gentilhomme de la chambre, lui a parlé avec beaucoup de hauteur, ainsi qu'à quelques personnes qui étoient encore là, et s'est plaint avec colère de ce qu'il étoit entré chez le roi beaucoup de personnes qui, a-t-il dit, ne devoient pas y entrer, et de ce qu'on avoit transgressé la convention faite avec M. de Gouvion. La convention faite avec M. de Gouvion avoit été, au contraire, exactement observée, et il ne s'étoit rien fait dans cette soirée dont on ne fût convenu avec M. de Gouvion ; rien, par conséquent, qui ne fût très juste, très-honnête et très-convenable à tous égards ;

rien qui ne fût dicté par les meilleures intentions. M. de Villequier qui, fort de ce
bon droit, auroit pu se livrer à quelque
ressentiment de ce que M. de la Fayette usoit
de sa seule autorité, et nullement de celle
du roi (qu'il n'avoit point encore vu), pour
s'exprimer comme il le faisoit à son égard,
ne sortit pas un instant des bornes de la
plus parfaite modération. Le souvenir des
droits de l'homme ne lui fit point oublier
un instant les devoirs du citoyen et du fidele
sujet. Il oublia encore moins qu'il étoit chez
le roi, et que dans un tel lieu ces devoirs
du sujet ou du citoyen fidele deviennent encore bien plus délicats, bien plus imposans,
et qu'ils acquierent un caractere sacré que
rien n'effacera jamais.

    M. de la Fayette s'étant porté dans quel-
ques autres parties de l'appartement, M.
Jauge, aide-de-camp, arriva dans le cabinet,
et dit à M. de Villequier que la garde nationale vouloit à toute force avoir les armes
déposées, et qu'il falloit absolument se ré-
soudre à les lui livrer. M. de Villequier re-
pondit qu'il ne livreroit certainement pas ce
dont le roi s'étoit rendu dépositaire. Sur de
nouvelles instances, M. de Villequier ajouta

que tout ce qu'il pouvoit faire étoit d'aller prendre les ordres du roi à cet égard, et il proposa à M. Jauge d'y venir avec lui. Le roi étoit alors à la fin de son souper. Il quitta, il écouta tout le récit qu'on eut à lui faire, et pesant cette situation et cette disposition des esprits, il se détermina à permettre qu'on donnât les armes pour les porter chez M. de Gouvion, mais sous la condition *que M. de Gouvion en répondroit.*

On remonta dans la chambre du roi. M. de Villequier fit ouvrir les tiroirs en présence de M. Jauge et de plusieurs aides-de-camp; M. de la Fayette arriva suivi de quelques hommes du service du château, portant des corbeilles dans lesquelles on plaça les armes. Un des aides-de-camp tint alors, à l'occasion de toutes ces armes réunies, le propos vrai, qu'il y avoit là de quoi faire une contre-révolution, auquel M. de la Fayette répondit par quelques mots entrecoupés et par le sourire qu'on lui connoît.

Pendant ce temps des soldats avoient forcé la porte, et étoient entrés dans la pièce qui précède la chambre du roi. Les porteurs des corbeilles, passant par cette pièce, ne restèrent pas long-temps en possession de

armes qu'ils devoient transporter chez M. de
Gouvion. Elles passerent rapidement en
plusieurs mains ; elles n'arriverent ni chez
M. de Gouvion, ni à la section , et on ignore
ce qu'elles sont devenues.

Jusqu'à cet instant M. de la Fayette n'a-
voit point encore vu le roi, et ce ne fut qu'un
quart-d'heure avant son coucher que sa majesté, ouvrant elle-même sa porte, dit : M. de
la Fayette est-il là ? On alla aussi-tôt chercher M. de la Fayette qui entra chez le roi,
et resta seul avec lui environ un demi-quart-
d'heure.

Tels sont les détails les plus exacts et les
plus circonstanciés d'une journée qui sera
mémorable sous plus d'un rapport.

Si l'on veut joindre à tout ce que nous en
avons dit ici la lecture des premieres pages
du n°. 13 du *journal de la société des amis
de la constitution monarchique*, deux ou
trois colonnes des numéros 74 et 75 de
l'Ami du roi par Montjoye, pages 294 et 298,
l'ordre donné à l'armée parisienne par M. de
la Fayette le premier mars 1791, les lettres de
MM. d'Aumont et de Durfort, ainsi que la réponse de M. de la Fayette à ces lettres ; l'écrit
intitulé : Nouvelle conspiration découverte

par M. de la Fayette, et le n°. 394 de Marat
l'Ami du peuple, on connoîtra tout ce qui
a été écrit de plus vrai, de plus sage, et une
bonne partie de ce qui a été publié de plus
faux, de plus extravagant sur cet étrange
événement.

Il ne sera point hors de propos, maintenant, de dire un mot sur la diversité de
traitemens qui a eu lieu à l'égard des personnes qui étoient aux Thuileriés, à l'égard
même de celles qui ne sont parties que depuis que les obstacles et les vexations ont
commencé à être mis en usage.

Un fait semblable pour le fond a des modifications différentes pour chaque individu
qui y prend part.

Il est impossible d'arguer de ce que l'un a
fait ce que l'autre auroit dû faire, et de
conclure ce qui devoit arriver à celui-ci par
ce qui est arrivé à celui-là.

Dans un même fait qui est un en total,
tout est différent à chaque instant, dans
toutes ses circonstances et dans toutes ses
parties. Le mouvement machinal, la pensée et
la volonté de ceux qui contribuent à un même
fait, de ceux qui en sont les agens, les
instrumens, ce mouvement machinal, cette

volonté, cette pensée ne demeurent pas eux-
mêmes une minute dans le même état ; et
cette instabilité de pensée qui influe pre-
mièrement sur l'action de l'individu auquel
elle appartient influe encore sur l'action de
son voisin, déjà variable lui-même par sa
mobilité, par son instabilité personnelles ;
ce qui multiplie les combinaisons à l'infini,
et explique tacitement au calculateur profond le problême, si étonnant pour la multitude, de l'énorme quantité de faces qu'un
même objet présente, et des innombrables
versions d'une même histoire.

Une bataille qui dure 6 heures est toujours une bataille ; mais l'état du champ de
bataille et la situation de tout ce qui le compose ne sont pas les mêmes deux secondes
de suite.

Avec cette théorie très-positive appliquée
à un fait beaucoup moins compliqué, beaucoup moins relevé, on expliquera sans peine
la variété de chances éprouvées par les personnes qui se sont trouvées aux Tuileries le
28. On l'expliquera d'autant plus aisément,
qu'à l'occasion de cet événement du château, plusieurs des plus puissantes causes de
ces différences sont connues.

Dans

Dans une circonstance semblable à celle
dont nous parlons, ainsi que dans tout autre
événement possible, tel réussit avec un
moyen convenable, qui, six pas plus loin,
n'auroit pas réussi du tout. A tel point de la
carriere, il se trouve très-heureusement en
présence de gens qui sentent le prix de ce
qu'il dit ou de ce qu'il fait; à tel autre point de
cette carriere il se seroit trouvé en présence
de gens qui n'en auroient nullement senti le
prix. Il faut le concours réciproque de ces
rapports mutuels.

Dans tout événement général, chaque individu a un lot personnel qui est composé
des circonstances particulières et des modifications fugitives qui lui appartiennent ex-
clusivement; lorsque cet individu a l'esprit
étroit et une petitesse de vues qui donne plus
de latitude à son égoïsme, il juge de la totalité de l'événement par les modifications
et les circonstances qui lui sont particulières.
De là les mille et un mensonges, ou les mille
et une erreurs qui accompagnent si souvent
les mille et une éditions d'une même histoire, quoique racontée par des témoins
oculaires. L'homme d'esprit, l'homme
éclairé, commet rarement la même faute;

D

il discerne le tout d'avec ses parties ; il apprécie avec justesse la portion qui lui appartient, et il sait très-bien que l'événement général est composé de beaucoup d'événemens particuliers, dont aucun n'est parfaitement semblable à l'autre.

Quoi qu'il en soit, nous osons assurer que parmi les personnes qui, ce lundi 28 février, ont été traitées au château comme ne pourroient mériter de l'être, *après un procès fait et une loi prononcée*, que les plus indignes traîtres à la patrie, ou les plus vils esclaves du despotisme, il s'est trouvé des ennemis déclarés de tous les despotismes, des citoyens les plus dévoués aux vrais intérêts de la patrie, des hommes qui, sous tous les rapports possibles, chez d'autres nations ne recevroient que des hommages.

Il est très-utile de faire remarquer, par ce rapprochement, combien l'insubordination et l'anarchie deviennent de cruelles tyrannies ; combien elles multiplient les tyrans ; combien elles répandent d'égarement sur ces fourmillières de tyrans ; et combien cet égarement, une fois répandu et communiqué, fait commettre d'horreurs et d'injustices, même à tels et tels qu'on n'auroit jamais pu réussir à rendre barbares, si on n'avoit pas commencé par les rendre aveugles et insensés.

Mais tels sont le vertige, la démence, le délire et la rage que, par le bouleversement des idées, la corruption des cœurs et la dissolution de tous les freins, on est parvenu à inoculer à la nation la plus particulièrement distinguée par sa douceur, sa gaîté, sa générosité et l'urbanité de ses mœurs.

Grande et nouvelle preuve que c'est moins que jamais par de sages lumieres et par leurs propres lumieres que les François se gouvernent aujourd'hui ; nouvelle et incontestable preuve que ce n'est point la raison des gouvernés, mais le vice ou la vertu des gouvernans qui font le destin des empires.

Grande et irrécusable preuve que tous ces illustres amans de la liberté sont plus esclaves que jamais, et que si les tyrans des régimes passés disposoient de leur bourse, de leurs corps et de leurs propriétés, les tyrans actuels ont asservi jusqu'à leur ame.

Oui, les tyrans actuels commandent même à la pensée de ces humbles et dociles dévoués, et leur pensée se soumet ; ils leur ordonnent le déshonneur et ils se déshonorent. Enfin

D 2

ces illustres et généreux François, qu'on est
parvenu à porter au point de soumettre et
de vendre leur honneur au gré et au caprice
de leurs Busiris, sont toujours prêts à traiter,
bien plus cruellement qu'ils ne traiteroient
des serpens et des tigres, ceux que leur nouvelle constitution appelle à chaque ligne
leurs freres. Et ce qui rend véritablement la
France, dans cette mémorable époque philo-
sophique, le pays le plus exécrable qui ait jamais existé, c'est que si les vexations, si
les cruautés des Denis, des Phalaris, des
Richelieu, des Louis XI, arrachoient les
biens et la vie, du moins assuroient-elles à
jamais la gloire de leurs victimes; au lieu
que les Phalaris actuels et tous leurs agens,
tous leurs émissaires, ont inventé l'art infer-
nal de déshonorer leurs victimes avant de
les égorger, et de les plonger dans l'infâmie
avant de leur arracher le jour (*b*).

DE ROSSI,

Mars 1791.

NOTES.

(*a*) Je renvoie au surplus sur cela à ce qu'on a déjà la possibilité de voir dans mon *manifeste relatif à la société des amis de la constitution monarchique envoyé à l'assemblée nationale, aux sections et aux Jacobins* ; dans ma première livraison des *matériaux pour notre sagesse et pour notre prospérité futures* ; et dans mon *adresse aux assemblées électorales de France*. Gattey, Esprit, Denné, Petit, au Palais-Royal ; Buisson, rue Hauté-Feuille, Girouard, rue du Bout-du-Monde.

D'après la manière dont je m'explique dans l'écrit actuel à l'occasion de cette journée du 28 février, il devient indispensable de connoître quelle autorité et quel poids peuvent avoir mon témoignage. Or il sera impossible à tout homme réfléchi, à tout homme juste, à tout homme vertueux et éclairé, de ne pas apprécier quel poids & quelle autorité doivent avoir et mon assertion, et mon opinion, et mon témoignage, après avoir bien lu ces trois ouvrages, après en avoir scrupuleusement examiné et pesé toutes les pages. Car c'est ainsi que je desire, que je supplie, et qu'il est nécessaire qu'on les lise. Mais c'est la clairvoyance et la sévérité de l'homme moral que je réclame, et non pas la vaine puérilité oratoire ou grammaticale de l'homme de lettres.

Peut-être sera-t on dans le cas de connoître bientôt pourquoi j'ai dû porter aussi loin que je l'ai fait, et qu'on le verra dans ces écrits, le sacrifice, le dévouement de moi-même, ainsi que le plus profond mépris pour tout ce que tant d'hommes idolâtrent encore parmi nous ; et pourquoi j'ai dû mettre sous les yeux du public, d'une maniere aussi prononcée, aussi ferme et aussi énergique, tous mes sentimens et toutes mes résolutions à cet égard. En attendant, je dois cette courte réponse provisoire et générale à beaucoup d'inquiétudes affectueuses ou de demandes pariculieres qui me sont journellement manifestées, ou adressées.

(b) Cet écrit n'a point paru aussi-tôt qu'on l'auroit desiré, parce que la chose dont j'ai le plus continué à me ressentir depuis la scene des Thuileries, est une extrême difficulté de travailler, et une pesanteur de tête, avec un engourdissement général, qui ne me permettent pas d'écrire plus de deux pages de suite.